Gesamtinhaltsverzeichnis

Themen:

Vorwort

In der Grundschule begegnet man immer häufiger Schülern, die durch Konzentrations- und Wahrnehmungsprobleme oder durch motorische Beeinträchtigungen auffallen. Dabei ist Wahrnehmung ein Prozess der Interaktion zwischen dem Menschen und seiner Umwelt. Dadurch werden Informationen und Bedeutungen erzeugt. Die Sinne Sehen, Hören, Schmecken, Riechen sowie die taktile Wahrnehmung, Feinmotorik und Auge-Hand-Koordination bestimmen die Wahrnehmung. Das Zusammenwirken all dieser Faktoren nennt man Sensorische Integration. Funktioniert dieses Zusammenspiel nicht mehr, kann sich ein Kind nur sehr schwer auf die Anforderungen der Schule einlassen. Ursachen für ein gestörtes Zusammenspiel können neben organischen Defekten auch Bewegungs- bzw. Reizmangel oder auch Reizüberflutung sein. Die Folgen können unterschiedlich sein. So kann es zu nicht adäquatem Sozialverhalten, zu einem gestörten Lernverhalten oder zu Bewegungsauffälligkeiten kommen. Kinder mit solchen Auffälligkeiten haben besondere Bedürfnisse, d. h. sie benötigen ganz spezifische begleitende Hilfen. Diese Förderung sollte frühstmöglich, gezielt und individuell erfolgen. Im Unterricht bieten sich hierfür Übungen an, die einzeln oder im Klassenverband schnell und einfach durchgeführt werden können. Um eine Schulung der Konzentration, der Wahrnehmung sowie der Motorik zu gewährleisten, sollten Aufgaben hierzu regelmäßig eingesetzt werden. Die Materialsammlung „Fit fürs Lernen" bietet hierzu Übungen, die es der Lehrkraft ermöglichen, themengebunden und ohne großen Aufwand auf die individuellen Schwierigkeiten ihrer Schüler einzugehen. Die Materialsammlung enthält zu folgenden Förderschwerpunkten individuelle Übungen:

- Auditive Wahrnehmung
- Visuelle Wahrnehmung
- Taktil-kinästhetische Wahrnehmung
- Motorik
- Auge-Hand-Koordination
- Entspannung
- Konzentration

Zu relevanten Themen des Sachunterrichts im 1. / 2. Schuljahr **Schule**, **Herbst**, **Weihnachten**, **Winter**, **Wohnen** und **Familie** werden jeweils Übungen zu oben genannten Förderschwerpunkten angeboten. Die Arbeitsmaterialien können als Karteikarten, als Schülerarbeitsblätter oder in laminierter Form einfach und schnell eingesetzt werden. Der Lehrer sollte sich im Vorfeld entscheiden, welche Art der Nutzung er seinen Schülern anbieten möchte. Einige Arbeitsaufträge wiederholen sich bei den einzelnen Themen. Dies hat den Vorteil, dass den Schülern diese Arbeitsformen bereits bekannt sind und deshalb ohne nähere Erläuterungen immer wieder eingesetzt werden können. Im Inhaltsverzeichnis der einzelnen Themen sind die Förderschwerpunkte der Aufgaben durch Symbole dargestellt.
Einige Aufgaben sind für die Hand des Lehrers konzipiert.
Diese sind durch das Lehrersymbol (L) gekennzeichnet.

Wir wünschen Ihnen und Ihren Kindern viel Spaß und Erfolg mit der Materialsammlung
„Fit fürs Lernen".

Katja Niemann und Kathrin Zindler

Anmerkungen zu den Aufgaben

Allgemeine Bemerkungen

Das meiste Material kann laminiert werden. Dann sollte der Lehrer zum Material auch Folienstifte bereitstellen.

Zur Förderung der Feinmotorik bietet es sich in vielen Bereichen an, Dinge mit Knete darzustellen, passende Vorlagen auszuprickeln oder auszumalen und auszuschneiden.

Bereich Schule

Angebot 1: Was ist es?

Der Lehrer diktiert den Kindern die Muster, die sie auf das Rechenpapier malen. Gute Leser können sich die Anweisung selbst erlesen. Start ist jeweils der Kreis.

Abschließend müssen die Kinder unter ihr Bild schreiben, welche Figur entstanden ist.

Angebot 6: Geräusche im Klassenraum

Wenn diese Aufgabe nicht im Klassenverband durchgeführt wird, sollten die Schüler die Möglichkeit haben, sich zum Lauschen etwas zurückziehen zu können.

Angebot 10: Auf den Rücken malen

Die Karten können entweder von den Schülern selbst ausgemalt und ausgeschnitten werden, oder der Lehrer stellt sie bereits fertig zur Verfügung. Variationsmöglichkeiten siehe Wohnen, Angebot 4.

Angebot 11: Punkt-Tafeln

Eine Hilfestellung für die Kinder ist es, mit dem linken Zeigefinger im oberen Bild nachzufahren und mit der rechten Hand das Bild abzumalen. Eine Differenzierungsmöglichkeit besteht darin, die Häuser auf einem Geobrett nachzuspannen.

Weitere Ideen:

Fühlmemory: Der Lehrer sollte im Vorfeld einen Karton (alten Schuhkarton) bereitstellen, der mit unterschiedlichen Gegenständen gefüllt ist. Es müssen immer zwei identische Gegenstände vorhanden sein. Materialvorschläge: Lineale, Radiergummis, Tafelschwämme, Bleistifte usw. (vgl. Angebot 5, Bereich Weihnachten).

Mein Schulweg: Bei Entspannungsmusik und bequemer Haltung werden die Kinder aufgefordert ihre Augen zu schließen. Nach einem kurzen Einführungsgespräch sollen die Schüler in ihren Gedanken ihren Schulweg durchwandern. Dabei ist es wichtig, dass sie diesen „Weg" langsam und bedächtig nehmen und für sie wichtige Stellen deutlich wahrnehmen. Am Ziel angekommen öffnen sie ihre Augen und bleiben still sitzen, bis das letzte Kind angekommen ist. Als Hausaufgaben bietet es sich an, dass die Kinder auf dem Nachhauseweg ihren Gedankenweg überprüfen.

Bereich Herbst

Angebot 1: Wetter-Massage

Der Lehrer sollte im Vorfeld darauf hinweisen, dass nicht auf der Wirbelsäule massiert werden darf, sondern nur daneben. Auch im Bereich der Nieren müssen die Kinder vorsichtig und mit wenig Druck massieren. Wichtig bei einer Massage ist die Absprache zwischen den Partnern.

Weitere Ideen:

- Rubbelbilder mit gesammelten Herbstblättern
- Kartoffeldruck
- Fühlkisten mit Herbstmaterialien
- Hörspaziergang im Wald

Bereich Weihnachten

Angebot 3: Weihnachtsgeräusche

Die Filmdöschen werden paarweise mit weihnachtlichem Material gefüllt: Kleine Glöckchen, Tannennadeln, Wachsreste, Streichhölzer, verschiedene Nusssorten usw.
Zur Selbstkontrolle werden die Paare auf der Unterseite mit gleichen Symbolen versehen.

Angebot 4: Weihnachtsdüfte

Bei diesem Nasen-Kim geht es außer um ein gutes Gedächtnis auch noch um eine gute Nase. Die Filmdöschen sollten mit weihnachtlichen Duftmaterialien gefüllt und mit einem Stück Tüll und einem Gummiband verschlossen werden. Mögliche Duftfüllungen wären: Backgewürze (Nelken, Kardamom, Vanille, Zimt), Tee, Orange, Mandarine, Potpourris, Schokolade, Mandeln, Marzipan oder Duftöle. Zur Selbstkontrolle werden die Paare auf der Unterseite mit gleichen Symbolen versehen.

Angebot 5: Fühlmemory

Der Lehrer sollte im Vorfeld einen Karton (alten Schuhkarton) bereitstellen, der mit unterschiedlichen Gegenständen gefüllt ist. Es müssen immer zwei identische Gegenstände vorhanden sein. Materialvorschläge: Mandarinen, verschiedene Nüsse, Kerzen, Glöckchen, Weihnachtsdeko usw.

Weitere Ideen:

- Gewürzmandala   : Auf die Vorlage eines Mandalas kleben die Kinder verschiedene Gewürze wie z. B. Kümmel, Senfkörner, Paprika, Nelken, Sternanis, Pfeffer usw. Dies erfordert viel Fingerfertigkeit und Geduld von den Kindern.
- Weihnachtsgedicht auswendig lernen, um die Konzentration zu fördern.
- Gerade in der Weihnachtszeit bietet es sich an, den Kindern Geschichten zur Entspannung vorzulesen.
- Beim Backen von Plätzchen kann ebenfalls die Feinmotorik der Kinder gefördert werden.

Bereich Winter

Angebot 1: Der kleine Eisbär

Siehe Anmerkung zu Herbst, Angebot 1

Weitere Ideen:

Knubbel-Schneemann : Aus Papiertaschentüchern wird ein Schneemann gestaltet. Dazu werden die einzelnen Schichten der Taschentücher voneinander gelöst. Aus diesem dünnen Papier werden möglichst kleine Kugeln gedreht. Dies erfordert viel Fingerfertigkeit von den Kindern. Die Kügelchen werden zu einem Schneemann auf Papier geklebt.

Eventuell geben Sie Ihren Schülern eine Vorlage für den Schneemann.

Bereich Wohnen

Angebot 5: Punkt-Häuser
Siehe Anmerkung zu Schule, Angebot 11

Angebot 9: Gegenstände im Haus
Die Laufkarten können im Vorfeld ausgeschnitten werden. Durch Abknicken der Karte in der Mitte sehen die Schüler zunächst nur den Laufweg und können hinterher ihr Zielbild kontrollieren, indem sie die Karte wieder aufklappen. Es hat sich als sinnvoll erwiesen, die Zwischenstationen auf der Laufkarte skizzieren zu lassen. Ein zusätzlicher Motivationsfaktor für die Kinder ergibt sich, wenn sie selbst Laufkarten gestalten können. Diese Aufgabe kann auch als Partneraufgabe genutzt werden, indem ein Kind seinem Partner den Weg diktiert.

Weitere Ideen
Variation zu Angebot 4: Auf den Rücken malen
Die Kinder bilden Gruppen mit fünf bis acht Schülern. Die Kinder stellen sich zu einer Schlange auf, sodass das vorderste Kind in die entgegengesetzte Richtung schaut. Der Lehrer zeigt dem hintersten Kind der Schlange ein Bild mit einem Gegenstand aus einer Wohnung. Nun malt dieses Kind seinem Vordermann diesen Begriff auf den Rücken. Anschließend malt das zweite Kind das, was es wahrgenommen hat, wiederum seinem Vordermann auf den Rücken usw. Das vorderste und damit letzte Kind malt den wahrgenommenen Begriff auf ein Blatt Papier. Abschließend werden die Bilder der einzelnen Gruppen gezeigt und besprochen.
Tipp: Mit einem kurzen Klopfen auf die Schulter seines Vordermannes kann diesem angezeigt werden, wann er mit dem Malen beginnen kann.

Bereich Familie

Angebot 2: Familienausflug
Der Lehrer liest zunächst eine kurze Geschichte (s. Arbeitsblatt S. 71) vor.
Die Schüler hören aufmerksam zu. Dabei sollen sie sich die Geschichte ganz genau vorstellen und möglichst konkrete Bilder dazu im Kopf entwickeln.
Nach dem ersten Lesen beginnt die Lehrkraft nun, die Geschichte Abschnitt für Abschnitt erneut vorzulesen.
Die Kinder malen zu den Abschnitten möglichst detaillierte Bilder. Den Kindern sollte deutlich gemacht werden, dass sie alle Einzelheiten im Bild wiedergeben sollen.
Guten Lesern kann auch der Text zur Verfügung gestellt werden. Der jeweilige Abschnitt muss dann vor dem Malen abgedeckt werden. Anschließend können die Kinder selbstständig überprüfen, ob sie an alles gedacht haben, indem sie den Text wieder aufdecken.
So gehen sie ebenfalls mit den folgenden Abschnitten vor.

Angebot 8: Gegenstände in der Familie
Siehe Anmerkung zu Wohnen, Angebot 9

Inhaltsverzeichnis

Was ist es?

Lies 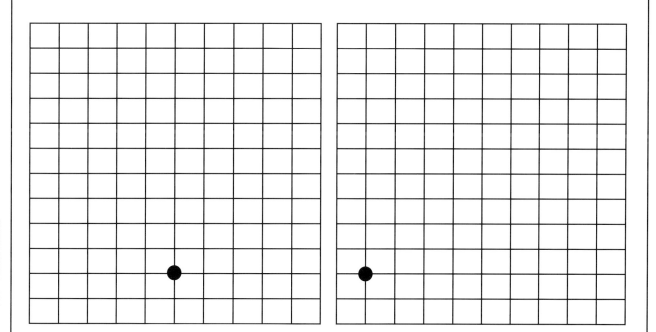 die Anweisungen. Male ➝ genau nach Anweisung.
Was meinst du, könnte es sein?

1. ein Kästchen nach rechts	**1.** fünf Kästchen nach oben
2. zwei Kästchen nach oben	**2.** acht Kästchen nach rechts
3. ein Kästchen nach rechts	**3.** fünf Kästchen nach unten
4. zwei Kästchen nach unten	**4.** ein Kästchen nach links
5. ein Kästchen nach rechts	**5.** vier Kästchen nach oben
6. sechs Kästchen nach oben	**6.** sechs Kästchen nach links
7. ein Kästchen nach links	**7.** vier Kästchen nach unten
8. drei Kästchen nach unten	**8.** ein Kästchen nach links
9. zwei Kästchen nach links	
10. drei Kästchen nach unten	

Es ist ein:

_____

Es ist ein:

_____

Chaos im Klassenzimmer

Im Klassenraum wurde nicht aufgeräumt.

Nun sucht Petra einige Dinge. Kannst du ihr helfen?

Kreise ▱▱▷ die Gegenstände im Bild ein, wenn du sie gefunden hast.

Schau' hin!

Du brauchst:

unterschiedliche Gegenstände (Radiergummi, Stift, Etui, Kreide ...)

So geht es:

Die Dinge liegen verdeckt unter einem Tuch.

Suche dir einen Partner. Einigt euch, wer zuerst Spielleiter ist.

Der Spielleiter hebt das Tuch für einige Sekunden hoch.

Schaue 👁 die Dinge gut an.

Merke ❗ dir möglichst viele Dinge und nenne sie.

Das Tuch wird wieder über die Dinge gelegt. Nenne nun möglichst viele Gegenstände. Der Spielleiter prüft nach. Wechselt die Rollen.

Tipp:

Der Spielleiter nimmt einen Gegenstand weg.

Du musst nun raten, was fehlt.

BVK PA40 • Katja Niemann / Kathrin Zindler • Fit fürs Lernen

Bildersalat

Findest du diese Gegenstände in derselben Reihenfolge unten wieder?

Kreise ein ✏ !

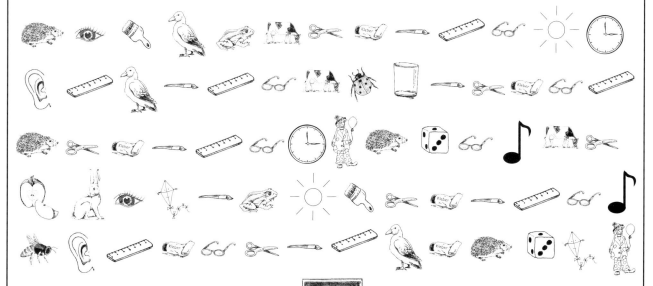

BVK PA40 • Katja Niemann / Kathrin Zindler • Fit fürs Lernen

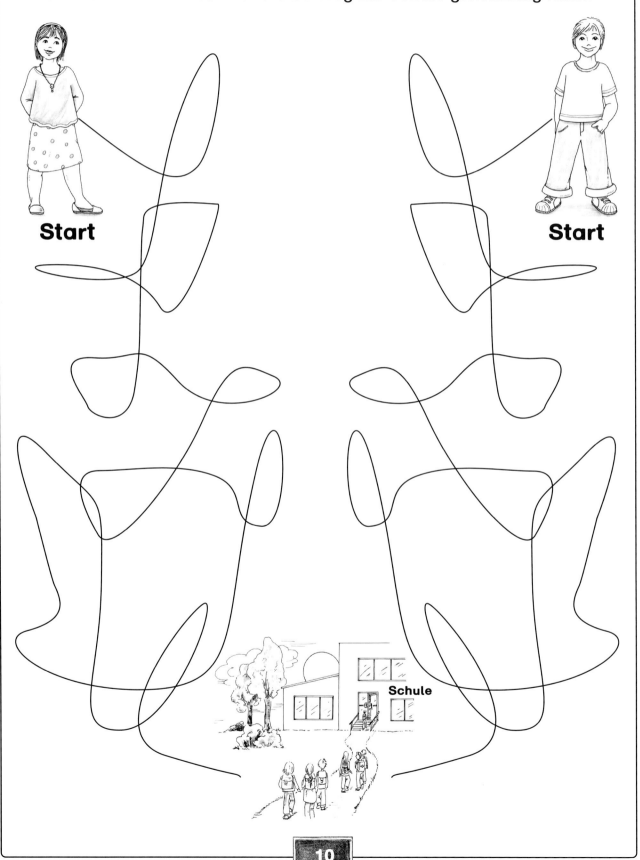

Tanzende Stifte

Nimm je einen Stift ✏️ in deine linke 🖐️ und rechte ✋ Hand.

Setze beide Stifte auf die Startpunkte.

Zeichne ✏️ nun Kathis und Ollis Weg zur Schule gleichzeitig nach.

Start

Start

Schule

Geräusche im Klassenraum

So geht es:

1. Setze oder lege dich bequem hin.

2. Schließe die Augen und lausche 👂 einmal. Was kannst du hören?

3. Kreuze an ✏️➤ , male ✏️➤ oder schreibe ✏️➤ , was du gehört 👂 hast.

_____

_____

_____

_____

Schulweg-Irrweg

Jan ist in der 1. Klasse. Er weiß nicht mehr so genau, wie er nach Hause kommt. Welchen Weg soll er nehmen?
Fahre die Wege zunächst mit dem Auge 👁 , dann mit dem Finger 👆 und den richtigen Weg mit einem Stift ✏ nach.

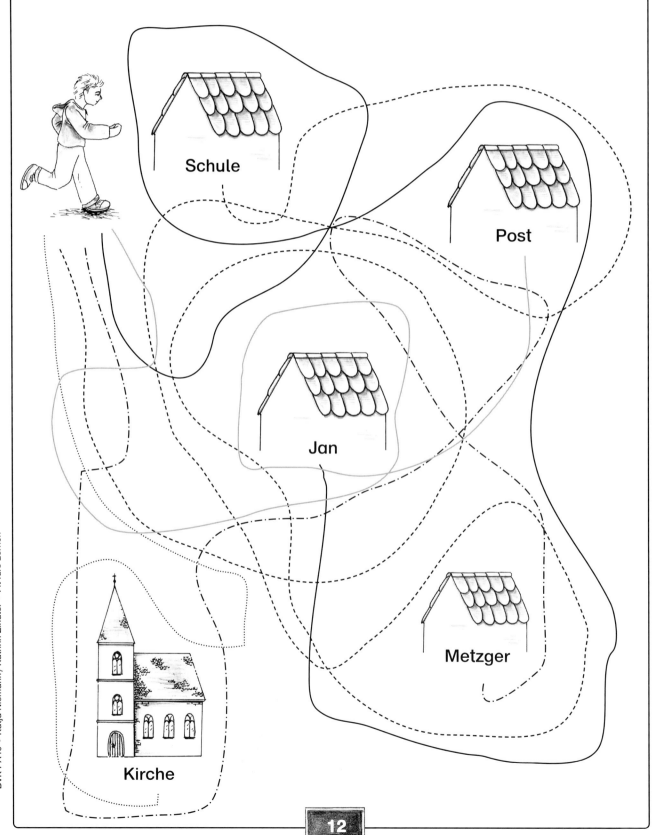

BVK PA40 • Katja Niemann / Kathrin Zindler • Fit fürs Lernen

Immer neue Radiergummis

Male  mit vier unterschiedlichen Farben die Radiergummis aus.
Aber Achtung! Jeder Radiergummi soll anders aussehen.

Buchstabensalat-Schule

Wie oft findest du diese Wörter unten wieder?
Kreise ein!

SCHULE – STIFT –
LEHRER – SCHÜLER –
TISCH – RECHNEN –
SCHREIBEN – TAFEL –
PAUSE

IUGVKHSTIFTIOVKHYXOZVJHDXVGZOÖRECHNENSERI

GHKJDFKLFDSCHREIBENVLIAADFJÜOIVJSLKSAVHOD

ISVSVJLIKDFTAFELVIHJDFBXJKLBIHDXBJKFBPAUSE

YKÖJBHYÖKJDDFKJDTISCHVBKLJADFJLIBJLDFKJBL

KDLEHRERFFKLVJDVNKLSJVSVFLKSCHULEKFLIÜJNB

ORECHNENVSLDFKJVKLJSDVVSKVLKSDJVKJSDVLKJ

DYXVHJOSTIFTSDKLVSCHULELKJSDVHWDQIGFÄLSD

VKJTAFELUEQGIUVBXJSDHFVWRGÄKDFLKJEQOIGLK

DFGKJSCHÜLERFAVGHADKFGHJSCHREIBENKADFGH

YRUHGJAHGKJPAUSEJAFXGADFJHGAEQKIGAJKHJDG

TISCHÖAKSDFJHGAEHGKJHÖFDHAKDFJHGIEXUGZIG

HDFGZWEQRYGUDILEHRERDFQGUSCHULEHDFGKJAF

QDSCHÜLERÜIIHGJFKFDIHGKADFDFLKBIIXSDGIYRHG

AJIKDFXIIGSTIFTKJAADFYJGKJHHHHADFHGKAFKGD

GEGTAFELHGFFDÜGHJUDFGBLDRECHNENKEEHKJDF

HGPAUSEJDFHKGHJKDFDIFVBKDFHJVHJKDFHVKHJD

FBDFBDFYNTKJHSÖLÄZOGJNDYSGHSCHREIBENGHF

KSTIFTKÖJKYSCHÜLERJPPKLHLHKLURÖSHOLFJBKLJ

Auf den Rücken malen

1. Suche dir einen Partner.
2. Einer nimmt sich eine Karte.
3. Er malt ✏ den Gegenstand der Karte mit dem Finger 👉
   auf den Rücken des Partners.
4. Der Partner rät, was gemalt wurde.

! Konzentriere dich und spüre genau.

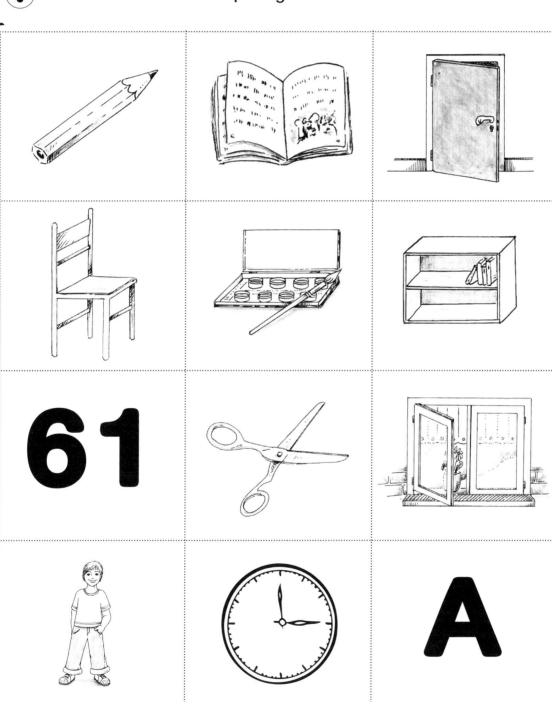

BVK PA40 • Katja Niemann / Kathrin Zindler • Fit fürs Lernen

Punkt-Tafeln

Fahre das Punktmuster mit den Fingern 🖐️ nach.

Kannst du es nun nachzeichnen ✏️ ?

Tipp: Knicke die Vorlage um, dann wird es noch interessanter.

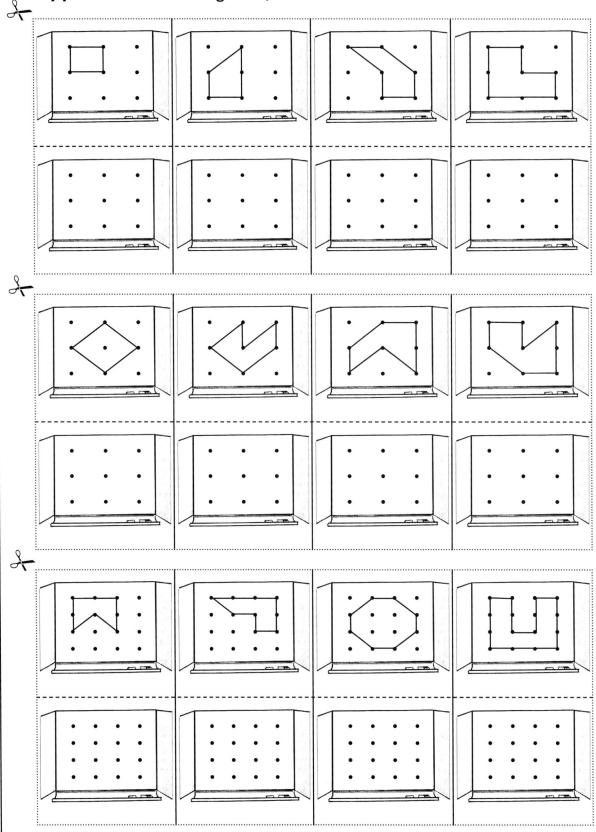

Das gehört in den Klassenraum

Dinge, die in den Klassenraum gehören, zeigen dir den Weg!

Male die richtigen Gegenstände aus.

Fahre den Weg mit den Augen 👁 und den Fingern 👉 nach.

Start

Ziel

Herbst

Inhaltsverzeichnis

(L) **Wetter-Massage**

Die Kinder suchen sich einen Partner. Ein Kind setzt sich so auf den Stuhl, dass die Lehne vorne oder an der Seite und der Rücken frei ist. Der Partner steht hinter dem Kind.
Die Lehrkraft erzählt die folgende Wettergeschichte und achtet dabei auf Pausen zwischen den einzelnen Anweisungen, damit die Kinder Zeit für die Ausführung haben. Am besten macht die Lehrerin die Massage mit, sodass die massierenden Kinder sehen können, was gemacht werden soll.

	Die Hände ganz fest aneinander reiben. Beide Hände auf den Rücken legen.
Die Sonne scheint, es ist ganz warm. Du spürst die Wärme auf deinem Rücken. Plötzlich kommt ein kalter Wind auf und es wird kühler.	*Hände vom Rücken nehmen und mit den Handflächen leicht über Kopf, Schultern und Rücken streichen.*
Langsam ziehen Wolken auf und es beginnt zu nieseln.	*Mit den Fingerspitzen leicht auf Arme, Schultern und Rücken tippen.*
Der Regen wird immer stärker.	*Mit den Fingerspitzen fester auftippen.*
Auch der Wind hat zugenommen.	*Mit den Handflächen über Schultern und Rücken streichen.*
Plötzlich blitzt es.	*Mit den Zeigefingern rechts und links neben der Wirbelsäule Blitze malen.*
Nun regnet es so stark, dass das Regenwasser wie in Bächen über die Straßen fließt.	*Von der Wirbelsäule mit den Handflächen nach außen streichen, vom Kopfscheitel aus vorsichtig nach unten streichen.*
Jetzt hagelt es sogar.	*Fingerspitzen etwas fester an unterschiedlichen Stellen auf den Rücken drücken.*
Es blitzt noch einmal, doch langsam wird der Regen weniger.	*s. o. Nur noch leichtes Tippen mit den Fingerspitzen über den Rücken und die Arme.*
Der Wind bläst noch einmal kräftig	*Mit den Handflächen über Schultern und Rücken streichen.*
und vertreibt die letzten dicken Regenwolken. Langsam kommt die Sonne wieder durch und es wird wärmer.	*Die Hände ganz fest aneinander reiben und dann auf den Rücken legen.*
Das letzte Regenwasser fließt ab und alles ist wieder wie vor dem Unwetter.	*Mit den Handflächen an den Armen beginnend, dann über den Rücken (rechts und links neben der Wirbelsäule) hinunterstreichen.*

19

(L) **Baumblick**

Der Lehrer trägt ruhig, evtl. mit Untermalung durch eine passende Musik, die folgende Fantasiereise vor.
Anschließend können die Kinder über ihre Reiseerlebnisse, ihre Gefühle und ihre Gedanken sprechen und / oder sie auf dem folgenden Blatt aufmalen.

Ich möchte dich auf eine Reise mitnehmen.

Setze dich so hin, dass du es ganz bequem hast und du dich wohl fühlst.

Schließe deine Augen.

Im Hintergrund hörst du Musik.

Atme tief ein und aus. Werde ganz ruhig.

Vielleicht spürst du, wie dein Atem allmählich gleichmäßiger und ruhiger wird.

In Gedanken gehst du auf den Schulhof und dann weiter durch ein Wohngebiet. Dabei schaust du dich um.

Etwas weiter entdeckst du einen schönen Baum, den du dir von Nahem anschaust.

Es ist ein richtig schöner Kletterbaum mit vielen Ästen.

Du schaust nach oben. Die Herbstsonne schaut durch die Baumkronen und lässt die bunten Blätter in tollen Farben leuchten.

Du willst hinaufklettern und besteigst den untersten Ast.

Plötzlich beginnt der Baum zu wachsen.

Du setzt dich auf den Ast und wartest ab, was passiert.

Der Baum wächst und wächst weiter, bis er so groß wie ein Hochhaus ist.

Vorsichtig drehst du dich und schaust nach allen Seiten.

Nun traust du dich auch, nach unten zu sehen.

Das, was du dort siehst, ist fantastisch.

Alles ist klitzeklein: Die Menschen sind so groß wie Ameisen.

Die Häuser sehen aus wie kleine Spielzeughäuser.

Vielleicht siehst du noch andere Dinge.

Schaue noch ein bisschen von deinem Ast herunter und merke dir alles, was du dort siehst.

Hier sollte der Lehrer den Kindern genügend Zeit geben, ihren Gedanken freien Lauf zu lassen.

Langsam merkst du, wie nun der Baum wieder ganz klein wird.

Du schaust ein letztes Mal umher und verabschiedest dich von deinem schönen Aussichtsplatz.

Nun merkst du wieder Boden unter den Füßen.

Du gehst zurück zum Schulhof, kommst wieder zurück in den Klassenraum und setzt dich auf deinen Platz.

Nimm deinen Nachbarn, unsere Gruppe wieder wahr.

Du kannst deine Augen öffnen.

Recke und strecke dich ein wenig, bewege deine Hände, deine Finger, deine Zehen – wenn du möchtest, kannst du auch gähnen.

Jetzt kann der Lehrer das Arbeitsblatt austeilen und die Kinder auffordern, die Dinge, die sie „gesehen" haben, aufzumalen.

Baumblick

(L) Lebendes Herbst-Memory

*Dieses Spiel kann in einer Kleingruppe
oder im Klassenverband gespielt werden.
2 Schüler gehen vor die Tür.
Die Mitspieler stellen die Memory-Karten dar
und bilden Paare.
Jedes Paar denkt sich ein Geräusch aus,
das zum Herbst passt.*

Beispiele:

Windrauschen (pusten)
Blätterrascheln (Hände aneinanderreiben)
Regen (auf den Boden klopfen)

Dann stellen sich die Paare
„durcheinander" auf.

Tipp:

Es können auch Teppichfliesen benutzt werden,
auf die sich die lebenden Memory-Karten setzen.
Die beiden Schüler werden hereingeholt und müssen nun wie
beim richtigen Memory immer zwei „Karten" aufdecken.
Durch Antippen auf die Schulter geben die „Karten" ihr
Geräusch wieder.
Sind die beiden angetippten „Karten" identisch, so darf man sie behalten.
Dazu stellen sich die Spieler am Rand auf.
Wer von beiden Schülern die meisten „Karten" sammeln konnte,
hat gewonnen.

Tipp:
Für das zusätzliche Erkennen des Geräusches
können Zusatzpunkte gesammelt werden.

(L) Herbstbilder nachgehen

In diesem Partnerspiel geht es darum, den „blinden" Mitspieler durch akustische Signale „auf der Linie" zu halten. Zu diesem Zweck werden einfache Herbstbilder (Blatt ❋ , Baum 🌳 , Kastanie 🌰 , Apfel 🍎) mit Kreppband auf den Boden geklebt. Rechts und links dieser Linie können Hindernisse gestellt werden.

Die Partner sprechen nun Laute oder Geräusche miteinander ab, die helfen sollen, damit der Partner mit den verbundenen Augen ganz genau auf der Linie entlanggeht.

Von einem Startpunkt aus geht es los. Danach werden die Rollen getauscht: Der „Blinde" wird zum „Führer" und umgekehrt.

Das Spiel kann zu einem Wettbewerb werden, wenn ein dritter Partner die „falschen" Tritte als Minuspunkte notiert.

BVK PA40 • Katja Niemann / Kathrin Zindler • Fit fürs Lernen

Mais-Transport

Du brauchst:
- eine leere Schale
- eine mit Maiskörnern gefüllte Schale
- Pinzette

So geht es:

Kannst du die Maiskörner in die leere Schale transportieren ?
Du darfst aber nur die Pinzette benutzen.
Versuche es möglichst schnell.

BVK PA40 • Katja Niemann / Kathrin Zindler • Fit fürs Lernen

Igel-Wirrwarr

Hier im Wald ist ganz schön was los.

Kannst du erkennen, wie viele Igel sich hier tummeln?

Futtersuche

Wie kommen Hase, Igel und Eichhörnchen an ihr Futter,

ohne dass sich ihre Wege kreuzen?

Verbinde ✏ !

BVK PA40 • Katja Niemann / Kathrin Zindler • Fit fürs Lernen

Laubfänger

Anne soll Laub fegen. Aber sie hat keine Lust.

Sie sucht lieber alle Blätter, die so aussehen und zählt sie.

Kannst du ihr helfen?

Male ✏➤ diese 🍂 Blätter gleich an.

Wie viele von diesen 🍂 Blättern gibt es ✏➤ ☐ ?

BVK PA40 • Katja Niemann / Kathrin Zindler • Fit fürs Lernen

Viel los im Wald

Kannst du erkennen, wer sich im Wald alles tummelt?

Schreibe auf ✏️ !

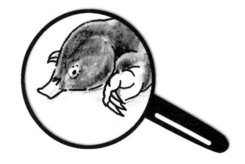

Schau' genau!

Kreuze ➡ so schnell es geht alle Blätter an, die so 🍂 aussehen!

Stoppe deine Zeit ⏰. Dein Partner kontrolliert dich.

Probiere es noch einmal. Bist du nun schneller?

Erreichte Zeit beim ersten Versuch: _____

Erreichte Zeit beim zweiten Versuch: _____

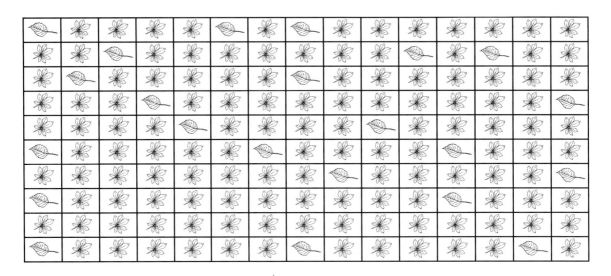

Kreuze ➡ so schnell es geht alle Blätter an, die **nicht** so 🍂 aussehen!

Stoppe deine Zeit ⏰. Dein Partner kontrolliert dich.

Probiere es noch einmal. Bist du nun schneller?

Erreichte Zeit beim ersten Versuch: _____

Erreichte Zeit beim zweiten Versuch: _____

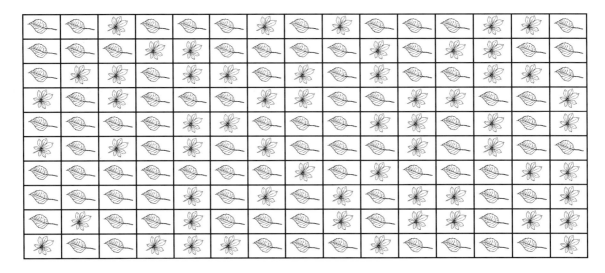

BVK PA40 • Katja Niemann / Kathrin Zindler • Fit fürs Lernen

Herbst-Puzzle

Setze das Puzzle richtig zusammen.

   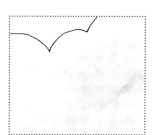

 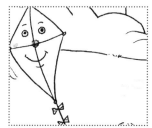 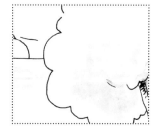 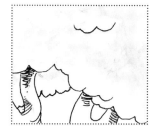

   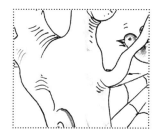

Blätter-Ketten

Welche Farbe haben die Gegenstände links?

Male die Blätterketten in der vorgegebenen Farbfolge
weiter aus.

BVK PA40 • Katja Niemann / Kathrin Zindler • Fit fürs Lernen

Siehst du die Unterschiede?

Schaue 👁 genau! Finde in jedem Bild einen Unterschied zum
ersten Bild.

Kreise ✏ ein.

Bild 1

Bild 2

Bild 3

Bild 4

Bild 5

BVK PA40 • Katja Niemann / Kathrin Zindler • Fit fürs Lernen

Inhaltsverzeichnis

L Kerzenmeditation

*Die Kinder sitzen im Sitzkreis. Der Klassenraum sollte verdunkelt sein.
Die Schüler schließen ihre Augen. Die Lehrkraft stellt in die Mitte
des Kreises eine brennende Kerze. Anschließend trägt sie folgende
Kerzenmeditation vor und achtet dabei auf Pausen zwischen den
einzelnen Phasen, damit die Kinder Zeit für eigene Gedanken haben.*

Setze dich bequem hin.

Halte deine beiden Hände vor die Augen.

Lasse deine Finger ganz eng beieinander,

sodass du nichts mehr siehst.

Öffne deine Augen hinter deinen Händen.

Du kannst nichts sehen.

Es ist ganz dunkel.

Spreize deine Finger ganz langsam auseinander.

Siehst du das Licht der Kerze?

Nun kannst du allmählich deine Hände

vor deinen Augen wegnehmen und auf deine Beine legen.

Schaue auf den Lichtschein der Kerze.

Du hörst nichts von der Kerze.

Die Kerze ist ganz leise.

Sei so still wie die Kerze.

Erkennst du die Kerzenflamme?

Schaue sie dir ganz genau an.

Siehst du, wie sie leuchtet?

Siehst du, wie sie die nähere Umgebung erhellt?

Sie erhellt die Dunkelheit im Raum.

Erkennst du die verschiedenen Farben und Formen?

Siehst du die Bewegungen der Kerze?

Die Kerzenflamme wirkt lebendig, sie lebt.

Mal bewegt sie sich nach links, mal nach rechts, mal wird sie kleiner und

dann wieder größer. Sie streckt sich in alle Richtungen. Manchmal sieht

sie ganz aufgeregt aus, dann flackert sie. Dann ist sie wieder ganz still.

Die Flamme strahlt ganz hell in die Dunkelheit hinein.

Nun löse deinen Blick von der Kerze und komme mit deinen Gedanken

zurück zu uns in die Klasse.

BVK PA40 • Katja Niemann / Kathrin Zindler • Fit fürs Lernen

(L) Weihnachtsfiguren nachgehen

In diesem Partnerspiel geht es darum, den „blinden" Mitspieler durch akustische Signale „auf der Linie" zu halten. Zu diesem Zweck werden auf den Boden einfache Weihnachtsfiguren (Stern , Tannenbaum , Kerze) mit Kreppband geklebt. Rechts und links dieser Linie können Hindernisse gestellt werden.

Die Partner sprechen nun Laute oder Geräusche miteinander ab, die helfen sollen, damit der Partner mit den verbundenen Augen ganz genau auf der Linie entlanggeht. Von einem Startpunkt aus geht es los. Danach werden die Rollen getauscht: Der „Blinde" wird zum „Führer" und umgekehrt.

Das Spiel kann zu einem Wettbewerb werden, wenn ein dritter Partner die „falschen" Tritte als Minuspunkte notiert.

Weihnachtsgeräusche

Du brauchst:
16 gefüllte Filmdöschen

So geht es:
Stelle die Filmdöschen auf.
Schüttle ein Döschen und
höre das Geräusch.
Findest du das Döschen,
das sich genauso anhört?
Kontrolliere!

Tipp:
Suche dir einen Partner und spielt zusammen ein Hörmemory
mit den Filmdöschen.

34

Weihnachtsdüfte

Du brauchst:

gefüllte Filmdöschen

So geht es:

Stellt zusammen die Filmdöschen auf. Zuerst riecht einer von euch beiden an den Filmdöschen. Er muss versuchen, sich die Düfte zu merken. Der andere Partner nimmt ein Döschen weg.
Weißt du, welches fehlt? Danach wechselt ihr eure Rollen.

Tipp:

Es ist leichter, sich die Düfte zu merken, wenn du weißt, was es ist.
Also denke nach!

Fühlmemory

Du brauchst:

Fühlmemory

So geht es:

Versuche, immer zwei gleiche Teile aus dem Karton zu holen , aber ohne hinzuschauen!

Tipp:

Suche dir einen Partner. Einer nimmt einen Gegenstand aus dem Karton. Der andere muss mit geschlossenen Augen den passenden Gegenstand ziehen.

Wechselt euch ab!

Weihnachtskekse

Welche Kekse sind in jeder Reihe gleich?

Schaue 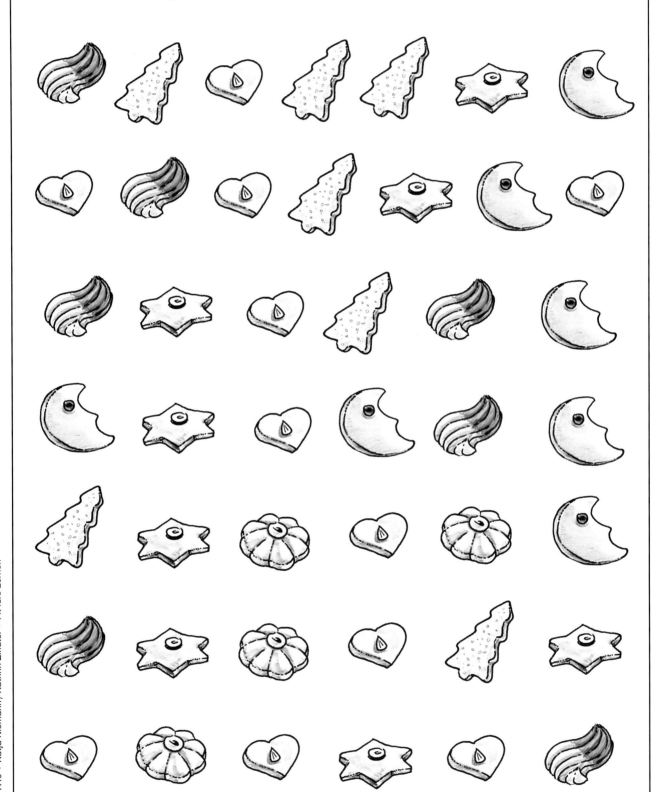 genau!

Male sie gleich an.

Weihnachtsmann-Irrweg

Der Weihnachtsmann bringt die Geschenke mit seinem Schlitten
von Haus zu Haus. Welchen Weg soll er fahren?
Seine Wege dürfen sich nicht treffen.

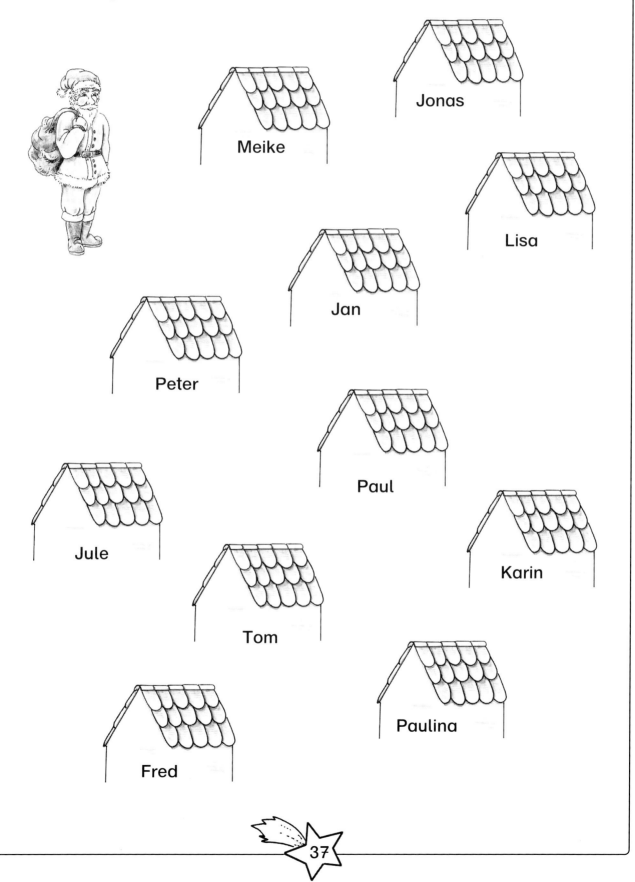

Zeichne genau

Fahre das Weihnachtsbild mit den Fingern 👉 nach.

Kannst du es nun nachzeichnen ✏ ?

Tipp: Knicke die Vorlage um, dann wird es noch interessanter.

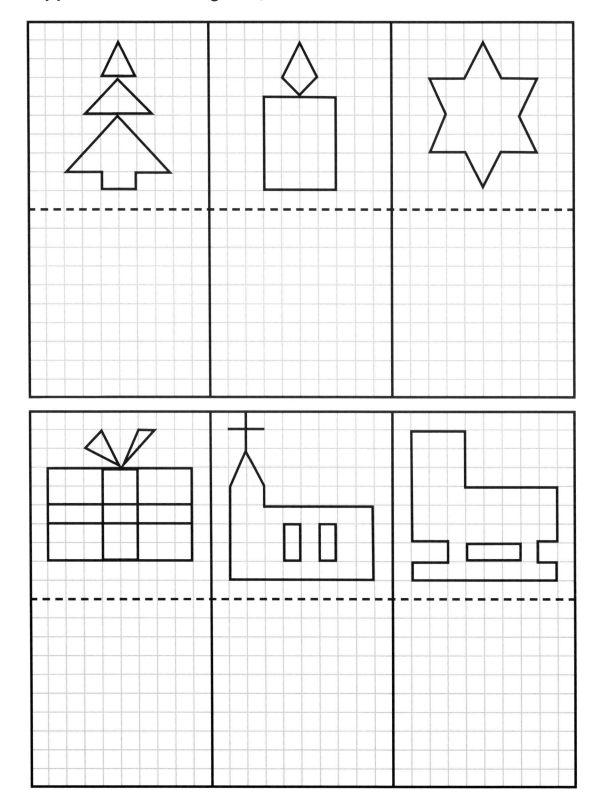

Immer neue Christbaumkugeln

Male  mit vier unterschiedlichen Farben die Christbaumkugeln
aus. Aber Achtung! Jede Kugel soll anders aussehen.

Schau' genau!

Kreuze ✏️ so schnell es geht alle Sterne an, die so ☆ aussehen!

Stoppe deine Zeit ⏰. Dein Partner kontrolliert dich.

Probiere es noch einmal. Bist du nun schneller?

Erreichte Zeit beim ersten Versuch: _____

Erreichte Zeit beim zweiten Versuch: _____

Kreuze ✏️ so schnell es geht alle Sterne an, die **nicht** so ☆

aussehen!

Stoppe deine Zeit ⏰. Dein Partner kontrolliert dich.

Probiere es noch einmal. Bist du nun schneller?

Erreichte Zeit beim ersten Versuch: _____

Erreichte Zeit beim zweiten Versuch: _____

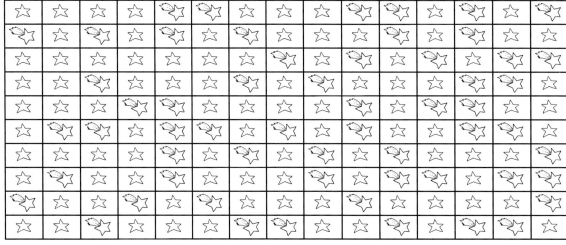

40

Christbaumketten

Welche Farbe haben die Gegenstände?

Male 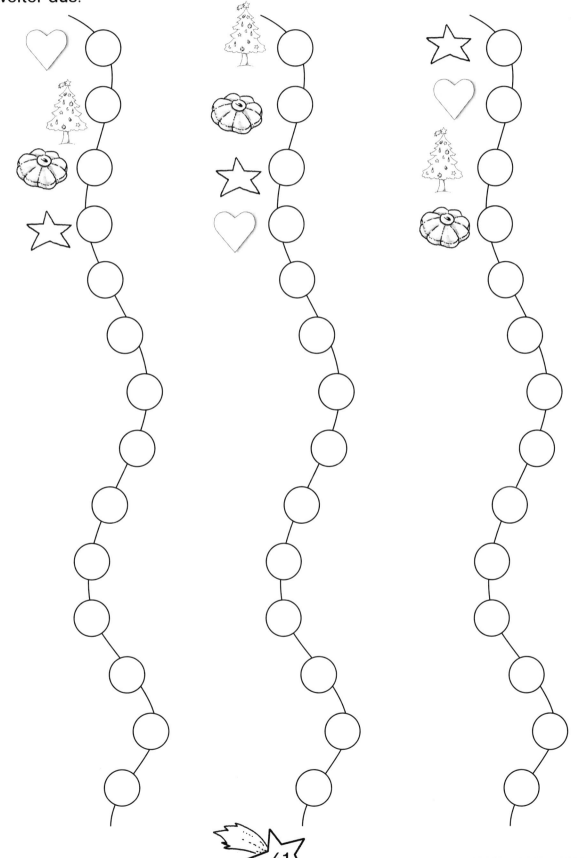 die Christbaumketten in der vorgegebenen Farbfolge

weiter aus.

Pauls Geschenke

Es ist Weihnachten. Paul bekommt viele Geschenke. Sein erstes
Geschenk sind Schlittschuhe. Welches Geschenk kommt hinzu?
Kreuze in jeder Reihe an!

Winter

Inhaltsverzeichnis

BVK PA40 • Katja Niemann / Kathrin Zindler • Fit fürs Lernen

L **Der kleine Eisbär (1)**

Es war einmal ein kleiner Eisbär, der mit seiner Mutter am Nordpol in der Nähe eines großen Eisberges lebte. Sein dickes weißes Fell schützte ihn vor der Kälte. Eines Tages war es dem kleinen Eisbär zu langweilig. Er sah den großen Eisberg und beschloss, ihn sich näher anzusehen.

Er war noch nicht besonders weit gekommen, als es zu schneien begann. Der kleine Eisbär liebte den Schnee auf seinem dicken Fell.

Kleine Wattebäusche auf den Rücken des Partners fallen lassen.

Herrlich, dieses Gefühl! Langsam machte sich der Eisbär wieder auf den Weg. Plötzlich hatte er das Gefühl, dass es ihm am Rücken jucken würde. Schnell kratzte er sich auf dem rauen Eis.

Vorsichtiges Kratzen des Rückens mit allen zehn Fingern.

Oh, was eine Wohltat!
Endlich war er an dem großen Eisberg angekommen. Schnell lief er hinauf und ließ sich wieder hinabrollen.

Mit leichtem Druck gleiten die Handflächen von oben nach unten über den ganzen Rücken.

Das machte ihm so viel Spaß, dass er sich insgesamt zehnmal von dem Eisberg hinunterrollen ließ. Langsam machte sich der kleine Eisbär wieder auf den Rückweg. Als seine Mutter sah, wie dreckig und durchfroren der Kleine war, beschloss sie, ihn erst einmal zu baden und zu wärmen. Sie stellte ihn unter einen Wasserfall.

Mit ganz leichtem Druck wandern die Fingerkuppen über den Rücken.

(L) Der kleine Eisbär (2)

Dann seifte sie ihm den Rücken ein.

Die flachen Hände streifen über den Rücken.

Von oben nach unten, von links nach rechts ... Noch einmal musste sich der Eisbär unter den Wasserfall stellen, damit die Seife abgespült werden konnte.

Mit ganz leichtem Druck wandern die Fingerkuppen über den Rücken.

Die Eisbärmutter entdeckte, dass sich Dreck in dem Fell verfangen hatte. Vorsichtig zupfte sie diesen heraus.

Mit Daumen und Zeigefinger beider Hände vorsichtig zupfen.

Mit einem groben Kamm striegelte sie dem Kleinen noch das Fell.

Mit allen Fingerkuppen eine gleichmäßige Bewegung in eine Richtung durchführen.

Endlich war der kleine Eisbär wieder sauber. Nun rubbelte die Mutter ihn noch trocken.

Mit schnellen, kräftigen und kreisenden Bewegungen mit den gesamten Handflächen über den Rücken rubbeln.

Da dem kleinen Eisbär immer noch ein wenig kalt war, legte die Mama ihre warmen Tatzen auf den Rücken.

Die Hände kräftig reiben und dann flach mit etwas Druck auf den Rücken legen.

Nun massierte sie ihrem Kind den ganzen Rücken, da kleine Eisbären dies besonders lieben.

Vorsichtige Massage- bewegungen durchführen.

Nach so einem anstrengenden Tag war der kleine Eisbär froh, wieder zu Hause zu sein.

BVK PA40 • Katja Niemann / Kathrin Zindler • Fit fürs Lernen

L Eiszeit

Man braucht:

- CD-Player bzw. Kassettenrekorder
- Musik

So geht es:

Alle Kinder laufen im Klassenraum oder in der Sporthalle herum. Wenn die Musik stoppt, frieren sie zu Eis, d. h. sie müssen in der Stellung verharren, bis die Musik wieder anfängt.

Variation **1**:

Ein Kind kann die Aufgabe des Eisprüfers übernehmen. Es muss testen, ob die anderen Kinder wirklich zu Eis gefroren sind. Die Aufgabe der Kinder ist es, möglichst starr zu stehen.

Variation **2**:

Das Kind, das zuletzt zu Eis erstarrt ist bzw. sich noch bewegt, scheidet aus. Am Ende hat das Kind gewonnen, das zum Schluss übrig bleibt.

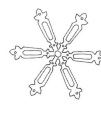

Variation **3**:

Die zu Eis gefrorenen Kinder werden durch große Hitze überrascht und beginnen zu schmelzen. Die Kinder heben ihre Körperspannung auf und sinken langsam als Wasser zu Boden.

BVK PA40 • Katja Niemann / Kathrin Zindler • Fit fürs Lernen

Alles gleich?

Findest du die zehn Unterschiede auf den Bildern? Schaue genau.
Kreuze sie an.

BVK PA40 • Katja Niemann / Kathrin Zindler • Fit fürs Lernen

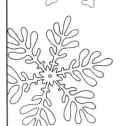

Winter-Puzzle

Setze das Puzzle richtig zusammen.

Eiskristalle falten

Schneide ✂ und falte genau!

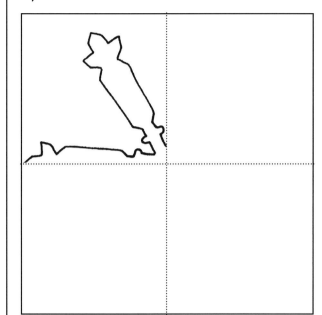

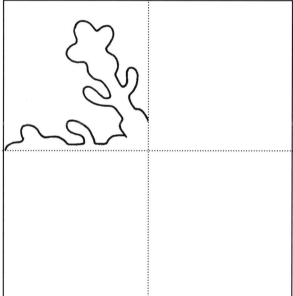

Das gehört zum Winter

Dinge, die zum Winter gehören, zeigen dir den Weg!

Male ✏ die richtigen Gegenstände aus.

Fahre den Weg mit den Augen 👁 und den Fingern ✋ nach.

👇 **Start**

Ziel

Der Schneemann

Findest du die gleichen Schneemänner?

Male ✏ sie aus.

BVK PA40 • Katja Niemann / Kathrin Zindler • Fit fürs Lernen

Wintertier-Wirr-Warr

Kannst du die Wintertiere wieder richtig zusammensetzen?

 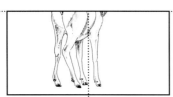 

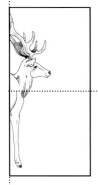 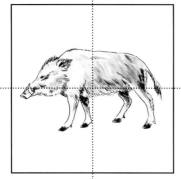 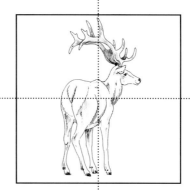 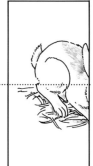

 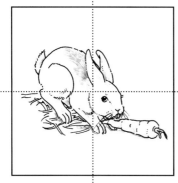  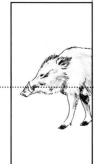

 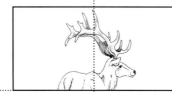 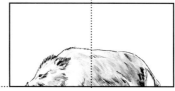

Wer gehört zusammen?

Immer zwei Handschuhe und eine Mütze gehören

zusammen. Male sie mit derselben Farbe aus.

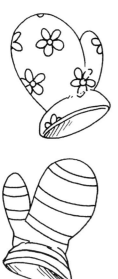

BVK PA40 • Katja Niemann / Kathrin Zindler • Fit fürs Lernen

Spuren im Schnee

Kannst du die Tierspuren verfolgen?

Verfolge jede einzelne Tierspur so:

- mit deinen Augen
- mit einem Finger
- mit einem Stift

BVK PA40 • Katja Niemann / Kathrin Zindler • Fit fürs Lernen

Buchstabensalat Winter

Findest du diese Wörter unten wieder?

Kreise ein!

SCHNEE
WINTER
KÄLTE
EIS
SCHNEEMANN
SCHAL
HANDSCHUH

```
HANDSCHUHJKZDSVFZJKÖQYZHEVGIHEISVBNY
CÖIFKÖPWDLÜWQNQIYWINTERSÄWJYOTSLAHF
QEOPIQSCHALJEPÜAÄXRTKILFGJSODJFMEÜAY
RTZMRDEIWOÜSKEÖKÄLTEXLDPRWISEÜFRFÜE
WQSCHNEEMANNIÜQKRUAIETQHITWYPEISKLQ
DÖÄRIDFRKIOLMFLÖWINTERQÖREWQKDLFPRÜ
AÖERDÜWSCHALIKKSQGHYÜJEWQYXSSDLTOFN
HPÖREJOIZJNQDJGFOKGJPSCHNEEJKWZUJNVI
OJHSZGFKÄLTEPTHRJKFDZQRIOPTRJOTZIHDHJ
KNLFGJKLFJKFJFUIEJBFBHANDSCHUHQYIOKÜI
UGQAYHUGBNMTRHIJRNMRHOIEWNJGFOIWEZI
JBEISIPWINTERKMIUKJGIUOKREHBYUKLTUQKN
FDFDKÄLTEJGMOPITZRUIHBTZHLÖKSCHALDVS
LKÖGIMKLFDJIGQJRHUIJKRTIOUFGDNKQPÜTJN
MTHRJKFJKHRKJKJGHPISCHNEEMANNKÜFVYW
DVIFJBFEISGFBSIGUOBJSGIOFUBSCHNEESBIÜJ
IOSFGBJKFGFKVJKHANDSCHUHJOIDFJIBJDIOÄ
```

BVK PA40 • Katja Niemann / Kathrin Zindler • Fit fürs Lernen

Wohnen

Inhaltsverzeichnis

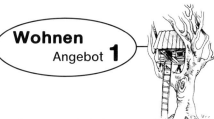

L Im Kinderzimmer

Setze dich ganz bequem auf deinen Stuhl. Verschränke deine Arme auf deinem Tisch und lege deinen Kopf darauf. Nun schließe die Augen. Du wirst ganz ruhig. Spüre deinen Atem. Du wirst immer ruhiger. Du schläfst nicht ein. Du hörst, was ich dir sage. Atme ganz tief ein.

Du sitzt zu Hause an deinem Schreibtisch. Du solltest eigentlich deine Hausaufgaben machen. Du hast heute viele Matheaufgaben auf. Aber es geht nicht. Dein Kopf ist gerade irgendwie ganz leer. Da schaust du dich in deinem Zimmer um. In deinem Zimmer ist ein Bett. Es wäre jetzt schön, darin zu liegen. Du siehst deinen Kleiderschrank. Auf dem Boden liegt dein Spielzeug verstreut. Du denkst: „Eigentlich könnte ich ja mal wieder aufräumen." Aber was ist denn das? Da ist eine Tür im Zimmer, die du noch nie vorher gesehen hast. Du öffnest die Tür. Du gehst durch die Tür und kommst auf einen langen Flur mit vielen weiteren Türen. Eine dieser Türen ist grün. Du öffnest sie. Ganz langsam gehst du durch diese grüne Tür und kommst in ein ganz ordentliches Kinderzimmer. In den Regalen siehst du viele Spiele, von denen du immer geträumt hast. Da steht ein Bett, das mit vielen Kissen so richtig einladend aussieht. Du gehst auf den Kleiderschrank zu und öffnest ihn ganz vorsichtig. Auch im Schrank herrscht eine wunderbare Ordnung. Die tollsten T-Shirts und Hosen sind zu sehen. Wem die wohl gehören? Du setzt dich an den Schreibtisch und schaust aus dem Fenster. Auf dem Schreibtisch siehst du ein aufgeschlagenes Mathebuch. Komisch, irgendwie kommen dir die Aufgaben bekannt vor. Schnell versuchst du, sie zu lösen.

5 + 6 = 11, 3 + 4 = 7! Geht ja ganz einfach. Innerhalb kurzer Zeit hast du die Aufgaben gelöst. Da wird sich aber der Besitzer des Zimmers freuen. So, nun hast du dir eine kleine Spielpause verdient. Du gehst zum Regal und nimmst ein Puzzle heraus und verstreust die Teile auf dem Boden. Die ersten Teile passen schon zusammen. Da hörst du eine Stimme: „Was machst du?" Es hört sich an wie deine Mutter. Aber wie sollte sie hier in dieses Zimmer kommen? Du schaust dich überrascht um. Auf einmal kommt dir alles so bekannt vor. Da steht dein Schreibtisch, dein Regal und dein Bett. Es ist dein eigenes Zimmer. Schnell läufst du zum Schreibtisch. Da hat jemand deine ach so schwierigen Matheaufgaben gemacht. Auf einmal fällt es dir wie Schuppen von den Augen. Das bist du ja selbst gewesen. Jetzt weißt du, dass es kein Traum gewesen ist.

Nun komme ganz langsam wieder zurück. Spüre deine Finger, deine Beine, deinen Körper. Komme langsam hier an und öffne deine Augen.
Nun sind wir alle wieder hier.

BVK PA40 • Katja Niemann / Kathrin Zindler • Fit fürs Lernen

Welcher Deckel passt?

Du brauchst:

10 verschiedene Gläser mit passendem Deckel

So geht es:

Versuche, die passenden Deckel den Gläsern zuzuordnen.

Tipp:

Suche dir einen Partner und finde die passenden Deckel mit verbundenen Augen.

Chaos in der Küche

Du brauchst:

- Maiskörner
- Reiskörner
- Erbsen
- Bohnen
- Pinzette
- einen großen Teller
- vier kleine Gefäße

So geht es:

Schütte zunächst die verschiedenen Körner auf den Teller und mische sie gut durch. Versuche nun, die verschiedenen Materialien mit Hilfe der Pinzette zu sortieren. Gib immer **eine** Sorte in ein Gefäß!

BVK PA40 • Katja Niemann / Kathrin Zindler • Fit fürs Lernen

Auf den Rücken malen

1. Suche dir einen Partner.

2. Einer nimmt sich eine Karte.

3. Er malt ➝ den Gegenstand der Karte mit dem Finger 👉
   auf den Rücken des Partners.

4. Der Partner rät, was gemalt wurde.

 (!) Konzentriere dich und spüre genau.

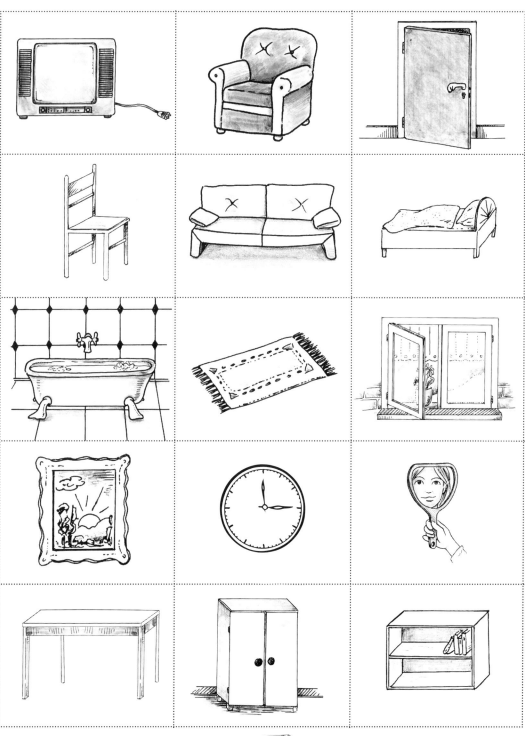

Punkt-Häuser

Fahre das Punktmuster mit den Fingern 👉 nach.

Kannst du es nun nachzeichnen ✏️ ?

Tipp: Knicke die Vorlage um, dann wird es noch interessanter.

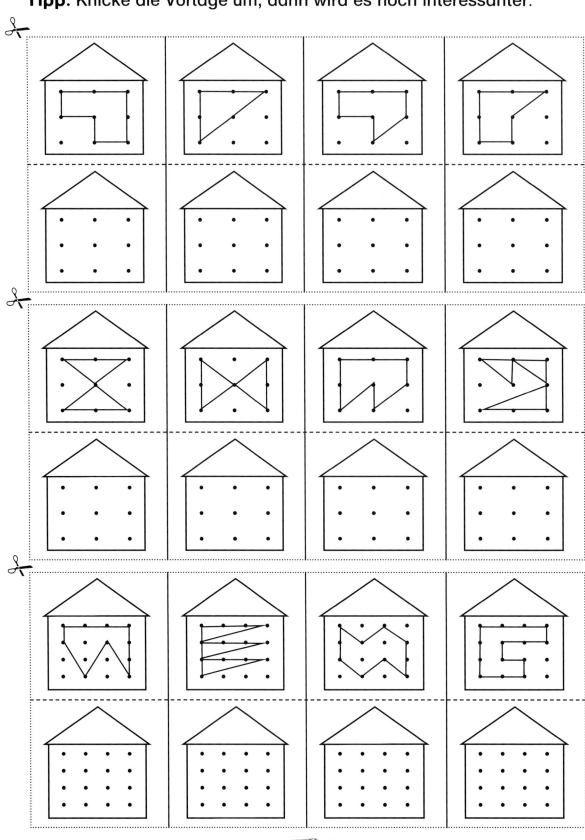

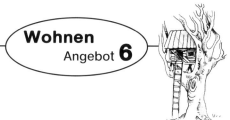

Das gehört in mein Kinderzimmer

Dinge, die in dein Kinderzimmer gehören, zeigen dir den Weg!

Male ✏ die richtigen Gegenstände aus.

Fahre den Weg mit den Augen 👁 und den Fingern ☝ nach.

👇 **Start**   ☝ **Ziel**

BVK PA40 • Katja Niemann / Kathrin Zindler • Fit fürs Lernen

Siehst du die Unterschiede?

Schaue 👁 genau! Finde in jedem Bild einen Unterschied zum ersten Bild. Kreise ✏ sie ein.

Bild 1

Bild 2

Bild 3

Bild 4

Bild 5

Welche Häuser gehören zusammen?

Schaue 👁 genau! Male ✏ gleiche Häuser mit derselben
Farbe an. Zwei Häuser gibt es nur einmal.

Gegenstände im Haus (1)

Findest du den richtigen Weg? Wähle eine Laufkarte und folge
den Anweisungen. Kommst du ans Ziel?

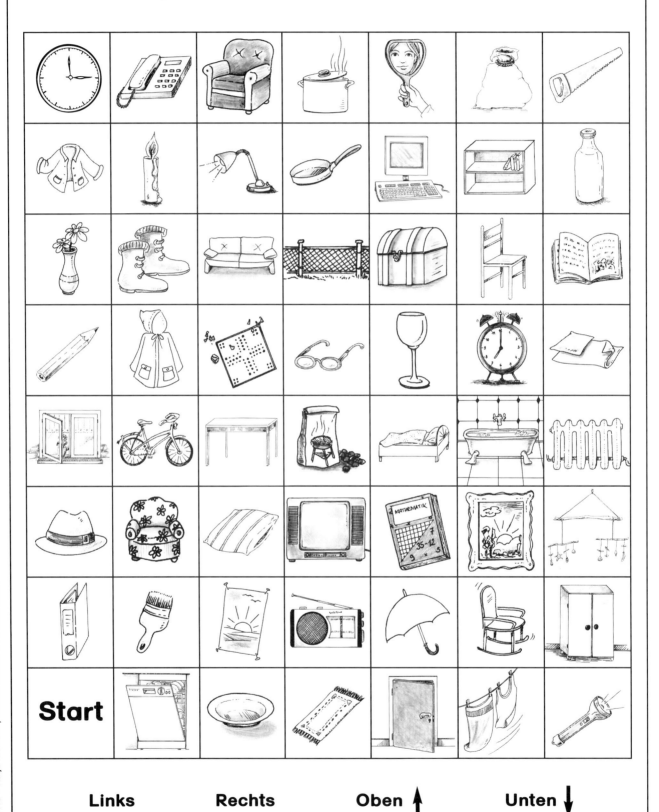

Links ⟵　　**Rechts** ⟶　　**Oben** ↑　　**Unten** ↓

Gegenstände im Haus (2)

Laufkarte 1 4 ↑ 2 ↓ 2 → 1 ↑	**Ziel:** Tisch
Laufkarte 3 2 → 7 ↑ 2 ← 2 ↓	**Ziel:** Vase
Laufkarte 5 6 → 6 ↑ 1 ← 4 ↓	**Ziel:** Bild
Laufkarte 7 5 ↑ 4 → 4 ↓ 1 ←	**Ziel:** Radio
Laufkarte 9 Suche den (Hut) Gehe 3 →	**Ziel:** Fernseher
Laufkarte 11 Suche das (Glas) Gehe 2 ←	**Ziel:** Spiel

Laufkarte 2 4 → 4 ↑ 3 ← 2 ↓	**Ziel:** Sessel
Laufkarte 4 6 ↑ 6 → 2 ↓ 1 ←	**Ziel:** Wecker
Laufkarte 6 3 ↑ 6 → 3 ↑ 2 ←	**Ziel:** Computer
Laufkarte 8 2 → 3 ↑ 4 → 2 ↑	**Ziel:** Buch
Laufkarte 10 5 → 7 ↑ 4 ← 2 ↓	**Male das Ziel:**
Laufkarte 12	**Ziel:**

Das reimt sich

Suche 👁 zu jedem ersten Bild das Bild mit dem Reimwort.

Male ✏ die beiden Gegenstände aus.

Umrande zusammengehörende Bilder in derselben Farbe.

Tipp: Sprich dir die Worte vor. Höre 👂 ganz genau hin.

BVK PA40 • Katja Niemann / Kathrin Zindler • Fit fürs Lernen

Baue nach

Schaue 👁 genau! Kannst du diese Häuser und Türme nachbauen?
Wie viele Steine benötigst du? Schreibe es auf.

Inhaltsverzeichnis

BVK PA40 • Katja Niemann / Kathrin Zindler • Fit fürs Lernen

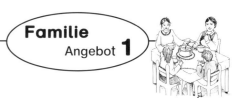

L Familie Einstein (1)

Die Kinder sitzen im Stuhlkreis. Der Lehrer liest folgende Geschichte vor. Im Vorfeld sollten die Bewegungsanweisungen und Geräusche bei bestimmten Wörtern geklärt oder mit den Kindern erfunden werden. Die Schüler müssen genau zuhören und die vereinbarten Bewegungen und Geräusche an den entsprechenden Stellen ausführen.
Die Lehrkraft kann den Schwierigkeitsgrad erhöhen, indem sie mal langsam und mal schneller vorliest.

Geschichte	Bewegungsanweisung	Geräusche
Es war einmal eine Familie mit dem Namen **Einstein**.	*eins mit Fingern zeigen, Faust als Stein machen*	
Es waren **vier** Personen.	*vier mit Fingern zeigen*	
Es gab den **dicken** Vater **Einstein**,	*dicken Bauch zeigen, Einstein wie oben*	*Booaahh*
die **hässliche** Mutter **Einstein**,	*mit dem ganzen Körper schütteln, Einstein wie oben*	*bäääähhh*
die **schöne** Tochter **Einstein**,	*Handkuss, Einstein wie oben*	*mmmhhh*
und den **trotteligen** Sohn **Einstein**.	*stolpern, Einstein wie oben*	*hihihi*
Sie lebten auf einem **gruseligen** Schloss.	*zittern*	*uuuaaaah*
Eines Tages hörte Familie **Einstein** ein Auto den Weg zum Schloss entlang**fahren**.	*Einstein wie oben*	*brumm brumm*
Es stiegen **zwei** Personen aus dem Auto: die **große** Tante **Einstein** und der **kleine** Onkel **Einstein**.	*zwei mit Fingern zeigen, groß und klein mit Händen zeigen, Einstein wie oben*	
Sie **klopften dreimal** an die große schwere Holztür.		*dreimal mit der Hand auf den Tisch klopfen*
Familie **Einstein rannte** zur Tür, **öffnete** sie und zuerst begrüßte **der dicke Vater Einstein** den Besuch, dann die **hässliche Mutter Einstein**, dann die **schöne Tochter Einstein** und zum Schluss der **trottelige** Sohn **Einstein**.	*Einstein wie oben, mit den Füßen trippeln, dicken Bauch zeigen, Einstein wie oben, usw.*	*quietschen, viermal Küsschengeräusch*

L **Familie Einstein (2)**

Geschichte	Bewegungsanweisung	Geräusche
Alle zusammen gingen sie ins Wohnzimmer. Zuerst mussten sie durch das Schlafzimmer von **Mutter** und **Vater Einstein**, dann durch das Zimmer von **Sohn Einstein** und als Letztes durch das Zimmer der **Tochter Einstein,** bis sie endlich im Wohnzimmer waren.	*mit den Füßen stapfen, Bewegungen und Geräusche der Personen wie oben*	*quietschen, viermal Küsschengeräusch*
Zum Glück hatte **Mutter Einstein** einen **leckeren** Kuchen gebacken.	*Mutter: siehe oben*	*mmmhhh*
Am Tisch war es sehr laut, denn die **Einsteins schmatzten** beim Essen: der **dicke Vater Einstein**, die **hässliche Mutter Einstein**, die **schöne Tochter Einstein**, der **trottelige Sohn Einstein**, die **große Tante Einstein** und der **kleine Onkel Einstein**.	*Einstein wie oben* *Bewegungen und Geräusche zu den Personen siehe oben*	*Schmatzgeräusche* *Schmatzgeräusche*
Spät am Abend, die ganze Familie **Einstein** war schon sehr **müde**, wollten **Tante** und **Onkel Einstein** endlich wieder fahren.	*Einstein wie oben, Bewegungen und Geräusche zu den Personen siehe oben*	*Gähngeräusche*
Alle gingen zur großen Holztür, um die Verwandten zu verabschieden. Zuerst mussten sie wieder durch das Zimmer der **schönen Tochter Einstein**, dann durch das Zimmer vom **trotteligen Sohn Einstein**, dann durch **Vater Einsteins** und zuletzt durch **Mutter Einsteins** Zimmer, bis sie endlich an der großen Holztür waren.	*Bewegungen und Geräusche zu den Personen siehe oben, mit den Füßen stampfen*	
Diese wurde von **Vater Einstein geöffnet**.	*Einstein wie oben*	*quietschen*
Alle **verabschiedeten** sich von **Onkel** und **Tante Einstein**: zuerst **Sohn Einstein**, dann **Mutter Einstein**, dann **Tochter Einstein** und zuletzt **Vater Einstein**.	*Bewegungen und Geräusche zu den Personen siehe oben*	*jeweils Küsschengeräusche*
Onkel und **Tante Einstein** stiegen in ihr Auto und **fuhren** den Weg vom **gruseligen** Schloss zurück zur Stadt.	*Bewegungen und Geräusche zu den Personen siehe oben, zittern*	*brumm brumm* *uuuuaaaaah*

BVK PA40 • Katja Niemann / Kathrin Zindler • Fit fürs Lernen

Familienausflug

Male ⟵ zu den Texten jeweils ein passendes Bild auf ein Blatt.

Es ist ein sonniger Tag, nur kleine Wolken sind am Himmel zu sehen. Familie Schmoll hat ihr rotes Auto für einen Ausflug zum See gepackt. Vater und Mutter sitzen vorne. Vater hat seine Freizeitmütze auf und Mutter ihr geblümtes Kleid an.
Tanja und Tobi sitzen hinten. Beide haben ein rotes T-Shirt an.
Hund Buffy sitzt im Kofferraum neben der Tasche mit den Essenssachen. Er sitzt auf einer gepunkteten Decke.

Endlich sind sie am See angekommen. Er schimmert ganz grün und blau. Am linken Ufer des Sees wachsen kleine Büsche, am rechten Ufer stehen große Bäume und im Vordergrund ist ein kleiner Sandstrand. Dort steht auch ein Eiswagen. Eine Frau liegt auf ihrem Handtuch im Sand. Im Wasser ist ein Schimmer.
Mitten auf dem See ist eine kleine Insel, auf der viele bunte Blumen wachsen. Links von der Insel fährt ein Ruderboot und rechts von der Insel ist ein Segelboot zu sehen.

Tobi und Tanja sind am Eiswagen. Es ist ein blauer Bus mit der Aufschrift „Nino Eis". Oben am Eiswagen hängen zwei Fahnen mit einer Eistüte darauf. Tanja hat ihren grünen Badeanzug an und Tobi seine blaue Badehose. Beide haben ein Hörnchen mit zwei Kugeln Eis gekauft und schlecken es nun. Gut, dass sie schon ein Eis haben, denn es warten nun vier Personen in einer Schlange vor dem Wagen.

Familienmemory

So sehen die Mitglieder der Familie Wolf von vorne und von hinten aus. Male die Bilder aus.

Schneide ✂ die Karten aus und spiele mit einem Partner das Memory.

Bilder vervollständigen

Das sind Max Möhrchen und seine Schwester Moni.

Schaue dir Max und Moni oben genau an.

Ergänze ✏ bei den Bildern unten, was fehlt.

BVK PA40 • Katja Niemann / Kathrin Zindler • Fit fürs Lernen

Durcheinander

Einige Dinge sind im Hause Sauber durcheinander geraten.

An welchem Faden müssen Opa, Julia, Jan, Mutter und

das Baby ziehen, um ihre Dinge wiederzubekommen?

Fahre die Wege zunächst mit dem Auge 👁, dann mit dem Finger ☞

nach und schreibe ✏ die richtigen Nummern zu den Personen.

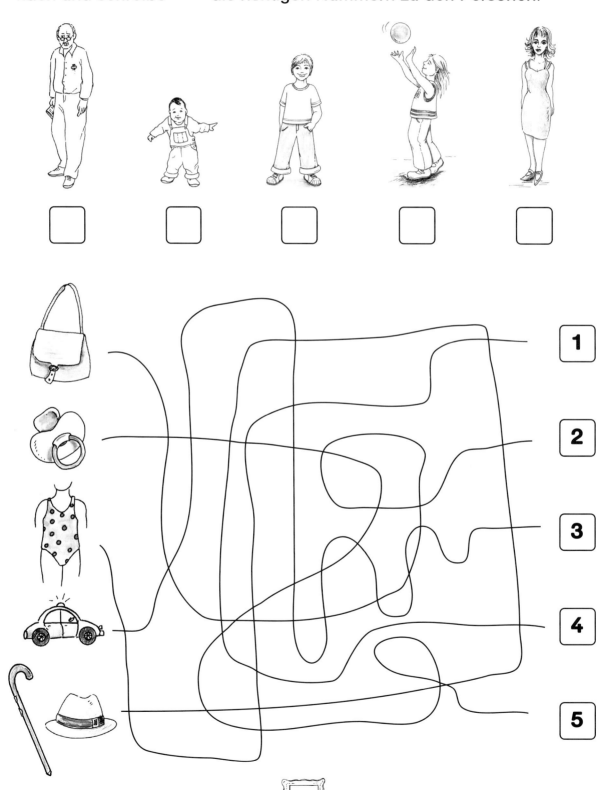

Schöne Mutter

Betrachte  die Mutter und ihr Spiegelbild genau.

Kreise die **neun** Unterschiede im Spiegelbild ein.

Besuch

Anton hat Geburtstag. Er lädt viele Gäste ein.

Zuerst kommt seine Oma.

Wer kommt hinzu? Kreuze in jeder Reihe an!

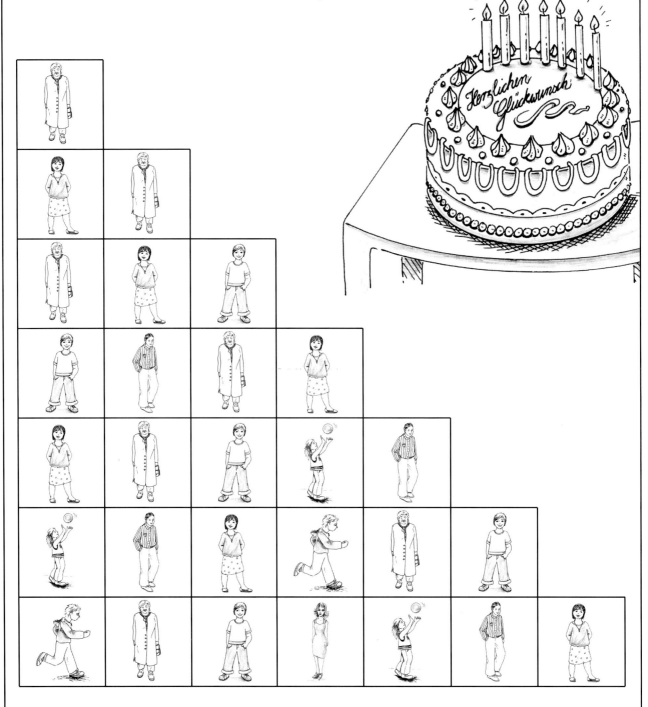

Gegenstände in der Familie (1)

Findest du den richtigen Weg? Wähle eine Laufkarte (Arbeitsblatt 2)
und folge den Anweisungen. Kommst du ans Ziel?

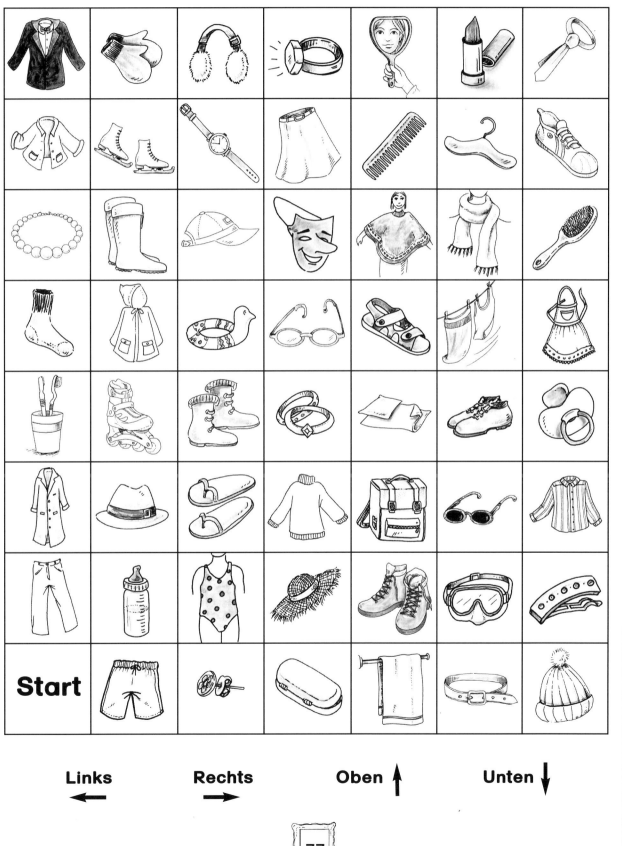

Links	**Rechts**	**Oben ↑**	**Unten ↓**
←	→		

Gegenstände in der Familie (2)

Laufkarte 1	Ziel:
4 ↑	
2 ↓	
2 →	
1 ↑	**Schuhe**

Laufkarte 2	Ziel:
4 →	
4 ↑	
2 ↓	
3 ←	**Hut**

Laufkarte 3	Ziel:
2 →	
7 ↑	
2 ←	
2 ↓	**Kette**

Laufkarte 4	Ziel:
6 ↑	
6 →	
2 ↓	
3 ←	**Brille**

Laufkarte 5	Ziel:
6 →	
6 ↑	
1 ←	
5 ↓	**Taucherbrille**

Laufkarte 6	Ziel:
3 ↑	
6 →	
3 ↑	
2 ←	**Kamm**

Laufkarte 7	Ziel:
5 ↑	
4 →	
3 ↓	
1 ←	**Pullover**

Laufkarte 8	Ziel:
2 →	
3 ↑	
4 →	
2 ↑	**Bürste**

Laufkarte 9	Ziel:
Suche die	
Gehe 3 →	**Schnuller**

Laufkarte 10	Male das Ziel:
5 →	
7 ↑	
4 ←	
2 ↓	

Laufkarte 11	Ziel:
Suche die	
Gehe 2 ←	**Spiegel**

Laufkarte 12	Ziel:

Lösungen

Schule:
Seite 8:

Herbst:
Seite 24: 21 Igel

Seite 26: 6 Blätter

Seite 27: Igel, Eichhörnchen,
Hase, Specht, Fuchs, Maulwurf

Seite 31:

Winter:
Seite 47:

Wohnen:
Seite 62:

Seite 63:

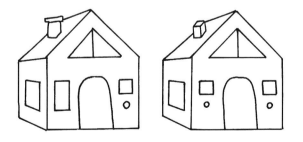

3. Reihe 4. Haus, 5. Reihe 2. Haus

Lösungen

Wohnen:

Seite 66: Haus – Maus, Tisch – Fisch, Hand – Wand, Keller – Teller,
Bank – Schrank

Seite 67: 20, 4, 12, 4, 8, 4, 27, 12, 16, 27, 16, 15, 15, 27, 27

Familie:

Seite 74:

Seite 75:

Literatur / weblinks

Heil, Gerlinde: Immer schön die Balance halten! Aktionsheft für Kinder zum Spielen, Lernen und Spaß haben. Neuried, Care-Line Verlag GmbH, 2005

Praxis Grundschule, Mai 1993, Heft 3 Gesundheitserziehung

Flohkiste (2. Klasse), Heft 22, 2003, Wenn der Hunger kommt

• *www.sensorischeintegration.de*
• *www.aid.de*